모순의 향기

한 국 대 표
명 시 선
1 0 0

허 영 자

모순의 향기

시인생각

■ **시인의 말**

서러운 마음의 동무가 되는 시

다만 몇 편의 작품에서도 불후不朽의 명작을 남긴 시인이 있지만 수많은 작품을 쓰고도
잊혀져버린 시인도 있다.

한 편의 시를 써놓고 온 마음 온 몸으로 희열을 느끼던 밤이 있었다. 그런가 하면 한없는 부끄러움과 절망으로 몸을 떨던 밤이 있었다. 이런 밤들이 연이어지면 나의 몸은 그만큼 수척해 갔다.
삶의 고단함과 서러움을 치유해 주는 것이 시이기도 하였지만 다른 한 편 운명으로 짊어지고 가야할 무거운 짐이 시이기도 하였다.

여기 51편의 시를 뽑아 시선집을 엮으면서 시 한 편 한 편을 쓰고 지우고, 다시 쓰고 고쳐 쓰고 하던 순간들이 아프게 다가왔다.

시작詩作의 의도나 과정이 그대로 감지될 수는 없는 일이지만 살아가면서 어느 순간 문득 떠올려지는 그런 작품이, 그래서 그분의 삶의 길에 잠간 동안 동무가 되는 그런 작품이 몇 편이라도 있었으면 더 없는 기쁨이겠다.

2013년 늦은 봄
허 영 자

■ 차 례 ———————————— 모순의 향기

시인의 말

1

조춘早春　13
비 오는 밤에　14
하늘　16
꽃피는 날　17
봄　18
감　19
가을비　20
백자白瓷　21
연蓮　22
복숭아　23

한국대표명시선100 허 영 자

2

긴 봄날   27
바람 부는 날   28
어떤 흐린 날   29
겨울 햇볕   30
복사꽃아   31
친전親展   32
무제·1   34
봄 밤   35
휘발유   36
그 무엇으로도   37

3

비 오는 날　41

가을비 내리는 날　42

꿈　43

저물녘　44

호수　45

설매雪梅　46

흰 수건　47

완행열차　48

찔레꽃　49

가을이　50

조국　51

4

호박잎　55
밤 꽃밭　56
간이역　58
풀꽃에게　59
폐차　60
잠 못 이루는 밤　61
무지개를 사랑한 걸　62
봄바람　64
귀뚜라미　65
가을 다저녁때　66
쑥국새　67

5

얼음과 불꽃　71

바람소리　72

고아孤兒　73

은발銀髮　74

그리운 것들　75

내 속에　76

사랑　78

겨울 사랑　79

세월　80

허영자 연보　81

1

조춘早春

참말 참말
이상한 몸살

황홀한 듯
어지러운 입덧

성처녀聖處女의
무염시태無染始胎.

비 오는 밤에

잠이 안 옵니다
바깥은 밤새 비가 따루고……

나는 참으로
어리석은 여자였습니다

무시무시한
전장에서 돌아오신 당신
쓸쓸한 저녁답
거리주막을 기웃거리는
당신의 고독을

단 한 번도
위로할 줄 몰랐습니다

차갑게 피가 얼은
도회지 여자를
슬프디 슬프게 바라보던 당신

뉘우침이런 듯
아픔이런 듯
이 밤은 새도록 비가 따루고……

잠이 안 옵니다
자꾸
목이 마릅니다.

하늘

너무
맑은 눈초리다

온갖 죄는
드러날 듯

부끄러워
나는
숨구 싶어……

꽃피는 날

누구냐 누구냐
또 우리 맘 속 설렁줄을
흔드는 이는

석 달 열흘 모진 추위
둘치같이 앉은 혼을
불러내는 손님은

팔난봉이 바람둥이
사낼지라도
문 닫을 수 없는
꽃의 맘이다.

봄

먹어도 먹어도
배고픈 시장기

죽은 나무도 생피 붙을 듯
죄스런 봄날

피여, 피여
파아랗게 얼어붙은
물고기의 피

새로 한 번만
몸을 풀어라

새로 한 번만
미쳐라 달쳐라.

감

이 맑은 가을 햇살 속에선
누구도 어쩔 수 없다
그냥 나이 먹고 철이 들 수밖에는

젊은 날
떫고 비리던 내 피도
저 붉은 단감으로 익을 수밖에는……

가을비

가을비
주문처럼 내리고

온 수풀은
몸서리를 친다

아아
조락凋落하는 나의 청춘이여

사랑이나
예술이나
또는 신神이나

아직도 미간眉間을 태우는
이런 이름 때문에

한밤중에 일어앉아
나는 운다.

백자白瓷

불길 속에
머리칼 풀면
사내를 호리는
야차野次 같은 계집

그 불길 다스려 다스려
슬프도록 소슬한 몸은
현신하옵신 관음보살님
―이조 항아리

연蓮

정화수에 씻은 몸
새벽마다
참선參禪하는

미끈대는
검은 욕정
그 어둠을 찢는
처절한 미소로다

꽃아
연꽃아.

복숭아

아차 대질리면
어혈드는 살

바라다만 봐도
문드러지는 살

어스름 달빛 고요히
비껴가는 살

지순무구至純無垢한
성처녀聖處女의 살.

2

긴 봄날

어여쁨이야
어찌
꽃뿐이랴

눈물겹기야
어찌
새 잎뿐이랴

창궐하는 역병疫病
죄에서조차
푸른
미나리 내음 난다
긴 봄날엔……

숨어 사는
섦은 정부
난쟁이 오랑캐꽃
외눈 뜨고 내다본다
긴 봄날엔……

바람 부는 날

또 한 번 천지는
흔들리누나

꽃잎은 펑펑
눈처럼 쏟아지고

고꾸라질 듯 고꾸라질 듯
내 영혼 흐느끼느니

알고 싶구나
애인아

바람 부는 날은 그 마음에도
아픈 금이 그이는가.

어떤 흐린 날

이별하는
하늘가엔
울음 머금은
울음 머금은 먹장구름

이별하는
길머리엔
길길이 자란 잡초
바람에 함부로 쓸리다.

겨울 햇볕

내가 배고플 때
배고픔 잊으라고
얼굴 위에 속눈썹에 목덜미께에
간지럼 먹여 마구 웃기고

또 내가 이처럼
북풍 속에 떨고 있을 때
조그만 심장이 떨고 있을 때
등어리 어루만져 도닥거리는

다사로와라
겨울 햇볕!

복사꽃아

예쁜
복사꽃아

마침내
네 분홍 저고리
고운 때 묻는 것을
서러움으로 지키거늘

네 분홍 저고리
어룽져 바래는 색을
눈물로써 지키거늘

이 봄날
복사꽃 지키듯
내 사랑과 사랑하는 이를
한숨으로 지키거늘……

친전親展

그 이름을
살 속에 새긴다
암청暗靑의 문신文身

불가사의의 윤회를 거쳐
마침내
내 영혼이 고개 숙이는 밤이여
무거운 운명이여

절망의 눈비
회의懷疑의 미친바람도
숨죽여 좌선하는 고요

"사랑합니다"

참으로 큰
슬픔일지라도
어리석은 꿈일지라도

살 속에
그 이름 새기며
이 봄밤
눈 떠 새운다.

무제 · 1

돌 틈에서 솟아나는
싸늘한 샘물처럼

눈밭에 고개 드는
새파란 팟종처럼

그렇게
맑게

또한 그렇게
매웁게.

봄 밤

꽃 피는 봄밤에는
마음도 열리거라

옛날에 앓던 병
새로 또 아려오고

옛날에 기쁘던 일
새로 눈물겨웁구나

임의 말씀 들리는
꽃 피는 봄밤

목숨이 목숨이
이토록 향그런 밤.

휘발유

휘발유 같은
여자이고 싶다

무게를 느끼지 않게
가벼운 영혼

뜨겁고도 위험한
가연성可燃性의 가슴

한 올 찌꺼기 남지 않는
순연한 휘발

정녕 그런 액체 같은
연인이고 싶다.

그 무엇으로도

꽃에서 얻어온 연분홍 꽃물
잎에서 얻어온 진초록 잎물
어여쁜 그 무엇으로도
스무 살 적 그때 마음
되 깨울 수 없어라

눈앞 캄캄하던
몰약沒藥의 어둠
하늘을 가로질러
내달리던 빛
그 어둠과 빛의 사랑
되깨울 수 없어라.

3

비 오는 날

비 오는 날이면
처녀시절 생각이 난다
비 맞고 서 있는 나무처럼
마음 젖어 서러이 흐느끼던 그때

비 오는 날이면
처녀시절 생각이 난다
아득히 비 내리는 신비한 바깥
머언 머언 내일을 내다보던 그때

비 오는 날이면
처녀시절 생각이 난다
박쥐우산 하나를 바람막이로
용감하게 세상을 밀고 가던 그때.

가을비 내리는 날

하늘이 이다지
서럽게 우는 날엔
들녘도 언덕도 울음 동무하여
어깨 추스르며 흐느끼고 있겠지

성근 잎새 벌레 먹어
차거이 젖는 옆에
익은 열매 두엇 그냥 남아서
작별의 인사말 늦추고 있겠지

지난 봄 지난 여름
떠나버린 그이도
혼절하여 쓰러지는 꽃잎의 아픔
소스라쳐 헤아리며 헤아리겠지.

꿈

밤마다 밤마다
한 트럭 가득히

불보다 뜨거운
장미꽃 싣고

고속으로 질주하는
나의 꿈이여.

저물녘

저물녘이면
그대 생각
깃으로 돌아오는
새처럼……

저물녘이면
호젓한 외로움
말뚝에 몸 부비는
바람처럼……

저물녘이면
그리운 마음
빈 마당에 고이는
바람처럼……

호수

고통이
얼마나 조용한 것인가를
호수를 본 사람은 알리라

참으로 고통이
얼마나 크나큰 참음인가를
호수를 본 사람은 알리라.

설매雪梅

차고 푸른 새벽녘
가만한 웃음

날카로운 서슬
암향으로 다스리면

사나운 칼날에도
붉은 녹이 슬거니······

흰 수건

흰 수건에
얼굴을 닦으려다 멈칫 한다

거기
슬프고 부끄러운
초상화 찍힐까 봐

흰 수건에
두 손을 닦으려다 멈칫 한다

거기
생활을 헤집고 온
비굴의 때 묻을까 봐.

완행열차

급행열차를 놓친 것은
잘된 일이다
조그만 간이역의 늙은 역무원
바람에 흔들리는 노오란 들국화
애틋이 숨어있는 쓸쓸한 아름다움
하마터면 나 모를 뻔 하였지

완행열차를 탄 것은
잘된 일이다
서러운 종착역은 어둠에 젖어
거기 항시 기다리고 있거니
천천히 아주 천천히
누비듯이 혹은 홈질하듯이
서두름 없는 인생의 기쁨
하마터면 나 모를 뻔 하였지.

찔레꽃

가시와 꽃이
위태롭게 나란히

적의와 관능이
부딪칠 듯 나란히

울음과 웃음을
한 가지에 머금은

모순의 향기
하얀 찔레꽃.

가을이

푸르름을 숭상하던 마음 거두어
사라져 가는 것을 사랑하라고

앞을 막아서는 바위 같은 절망을
물처럼 고요히 싸안으라고

날카롭게 날이 선 원수의 칼날도
바람처럼 부드럽게 어루만지라고

가을이 가을이
나에게 가르친다.

조국

먼 나라에 와서 부르는
그대 이름

아! 내 조국

그 음성 낮으나
잡티 없이 맑고

그 음성 짧으나
꽃불처럼 뜨겁고……

4

호박잎

여름 한낮을
소리 없이 찢는 절규
"아무도 나를 못 막는다"

욕망의 늪을 향하여
쉬지 않고 뻗쳐가는
시퍼런 손바닥.

밤 꽃밭

입술에
입술 포개고

뺨에
뺨 부비어

꽃들은 잠자네

어둠은 흘러
땅을 적셔도

꺼지지 않는
밤하늘 별빛

눈물에
눈물 섞고

마음에
마음 겹쳐

아아
꽃들은 잠자네.

간이역

서러운 기다림
사철 꽃으로 피고 지련만
잘 가라고
잘 가라고만
―푸른 신호등

잊지 않고 돌아오겠노라
굳은 언약도 있으련만
잘 가라고
잘 가라고만
―푸른 신호등.

풀꽃에게

꽃아 꽃아
작은 풀꽃아
나는 너를 꺾고 싶다
―너무나 예뻐서

꽃아 꽃아
작은 풀꽃아
하지만
나는 너를 꺾고 싶지 않다
―너무나 예뻐서.

폐차

딸아
네가 아직 아기였을 때
엄마는
공장에서 이제 막 출고된
눈부신 새 차였지

딸아
네 몸무게 영혼의 무게가
점점 무거워졌을 때
엄마는
가파른 고갯길을 숨차 오르는
낡은 고물차였지

용서하라 딸아
이제는 폐차
배터리는 꺼지고
바퀴는 헛돌고
브레이크조차 말을 듣지 않는
녹슨 폐차 엄마를.

잠 못 이루는 밤

이슬 구르는 연잎 위에
조그만 새끼 청개구리
잠들어 있을까

겹겹 두른 배춧잎 속에
파아란 배추 애벌레
잠들어 있을까

야위어 앙상한 르완다의 어린이
허리 꼬부려 누더기 속에
잠들어 있을까

켜켜이 쌓이는 어둠
시름 깊은 층계 아래
아아
잠 못 이루는 이 캄캄한 밤.

무지개를 사랑한 걸

무지개를 사랑한 걸
후회하지 말자

풀잎에 맺힌 이슬
땅바닥을 기는 개미

그런 미물을 사랑한 걸
결코 부끄러워하지 말자

그 덧없음
그 사소함
그 하잘 것 없음이

그때 사랑하던 때에
순금보다 값지고
영원보다 길었던 걸 새겨두자

눈멀었던 그 시간
이 세상 무엇과도 바꾸지 않을
기쁨이며 어여쁨이었던 걸
길이길이 마음에 새겨두자.

봄바람

응달에도 배어드는
봄 햇볕 속에는
젊은 아주머님 웃음소리 담긴 것 같다

아주머님 저고리는
분홍저고리
분홍빛 부끄러움
천지는 어지러워

아, 어지러워
흙먼지 일으키며
봄바람 분다.

귀뚜라미

귀뚜라미
귀뚜라미
울지 말아라

네 그리
하 애달피
목 메이면

얼음 같은
내 마음도
금가려 한다

차돌 같은
내 마음도
깨지려 한다.

가을 다저녁때

나무들이
울음을 삼키고 있다

돌들이
울음을 삼키고 있다

조그만 귀또리도
울음을 삼키고 있다

가을
어느 다저녁때

울고 싶은 나도
울음을 삼키고 있다.

쑥국새

쑥국 쑥국
쑥국새 운다

쑥국 먹고 낳은 딸
쑥국 먹고 살다가
죽어서는 새가 된
쑥국 쑥국 쑥국새

코크, 코카인
맥도날드 햄버그
슬픈 슬픈 아메리카
목이 메는 긴 봄날

쑥국 쑥국 쑥국새가
숨어서 운다.

5

얼음과 불꽃

사람은 누구나
그 마음 속에
얼음과 눈보라를 지니고 있다

못다이룬 한恨의 서러움이
응어리져 얼어붙고
마침내 마서져 푸슬푸슬 흩내리는
얼음과 눈보라의 겨울을 지니고 있다

그러기에
사람은 누구나
타오르는 불꽃을 꿈꾼다

목숨의 심지에 기름이 끓는
황홀한 도취와 투신
기나긴 불운의 밤을 밝힐
정답고 눈물겨운 주홍빛 불꽃을 꿈꾼다.

바람소리

이 바람소리
그대는 듣느냐

솔숲끼리 부대끼며
아파라! 하는 소리

대숲끼리 부대끼며
아파라! 하는 소리

그대 듣는 소리
나는 듣느냐

꽃잎이 꽃잎끼리
사람이 사람끼리

스치며 부대끼며
아파라! 하는 소리.

고아孤兒

구순九旬의 어머니가
말씀하신다
나 죽으면 우리 딸은
고아가 되겠지

옳은 말씀이고말고
칠순七旬의 딸도
어머니 돌아가시면
섧은 고아가 되고말고.

은발銀髮

머리카락에
은발 늘어가니
은의 무게만큼
나
고개를 숙이리.

그리운 것들

이끼 낀 옛 탑이 보고 싶다
깊은 샘에서 길어 올린
맑은 찬물이 마시고 싶다
복숭아를 파먹는
살찐 벌레가 보고 싶다
아, 보고 싶다 보고 싶다
네 두 볼을 물들이던
능금빛 수줍음이 보고 싶다.

내 속에

천둥소리가
내 속에 있었으면……

세상살이에 지쳐
고단한 나의 영혼
간사스럽고 비굴해
그만 무릎 꿇으려 할 때
스스로 우는 자명고처럼
천둥소리 큰 꾸중 있었으면

번갯불이
내 속에 있었으면……

자잘한 일에 울고 웃는
소인배 되어
얼굴 붉히고 다툼질할 때
천만 도의 저 불로 담금질하여
다시 태어날 수 있었으면

아아
한 그릇의 정갈한 정화수가
내 속에 있었으면……

때 묻어 더러워지는
내 얼굴 내 손
나날이 쌓이는 아집과 노욕
찬물로 맑게 헹구어내어
새로 씻은 빨래처럼
깨끗해질 수 있었으면.

사랑

네가 그동안 부끄러워하면서
부끄러워하면서 숨기고
감춰오던 네 상처를 환히 보여
줄 때
나는 내 뜨거운 입술을 오래오래
그 위에 대이리라.

겨울 사랑

사랑이여
겨울이 오면 그대는
더 추워지고 더 불쌍해지리

방 안의 난로에는
주홍빛 불길이 타고 있겠지만
닫힌 문밖에 선 맨발의 사랑이여

겨울이 오면
그대의 입성은 찢겨 남루가 되고
고개를 숙인 사람들은
저마다 집을 찾아가겠지만

사랑이여
먼 길 떠도는 나그네여
겨울이 오면 그대는 병이 들어
노숙의 고달픔이 더 깊으리.

세월

네 능욕의 그림자는
너무 짙다

네 능욕의 자취는
너무 깊다

돌부처의 코는
뭉그러지고

놋 촛대에는
푸른 녹이 슬었다

수틀에 바늘
그대로 꽂아두고

어디로 갔는가
어여쁜 누이들이여.

허 영 자 연 보

1938년 경남 함양 출생.

1957년 경기여고 졸업.

1961년 숙명여대 졸업.

1963년 숙명여대 대학원 졸업.

1986년 인하대 박사과정 이수.

1961년 2월, 목월木月 선생님 추천을 받아 ≪현대문학≫에 작품 「도정연가道程連歌」로 초회, 동년 9월에 「연가戀歌 3수三首」로 2회 추천을 받음.

1962년 2월, 작품 「사모곡思母曲」으로 추천 완료하여 등단.

1963년 여성시인동인회 <청미회> 창립동인으로 활동(~1998년).

1963년 잡지 ≪신사조新思潮≫ 기자.

1965년 계성여중고 교사(~1971년).

1972년 성신여대 교수(~2003년).

1982년 인하대 교환교수(~1983년).

1989년 KBS 시청자의견수렴위원회 위원.

1992년 프랑스 르아브르대 파견교수(~1993년).

2000년 한국시인협회 회장(~2002년).

2000년 한국문예진흥원 이사(~2003년).

2004년 한국여성문학인회 회장(~2006년).

2006년 한국문예학술저작권협회 회장. 한국문화관광연구원 이사(~2008년).

2009년 국제PEN클럽 한국본부 심의위원장(~2012년).

2013년 성신여대 명예교수, 한국시인협회 평의원, 한국문인협회 고문 등.

[시집]

1966년 『가슴엔 듯 눈엔 듯』(첫시집)

1971년 『친전』

1977년 『어여쁨이야 어찌 꽃 뿐이랴』

1984년 『빈 들판을 걸어가면』

1990년 『조용한 슬픔』

1995년 『기타를 치는 집시의 노래』

1997년 『목마른 꿈으로써』

1998년 『허영자 전시집』

2007년 『은의 무게만큼』

[시선집]

1985년 『그 어둠과 빛의 사랑』

1986년 『이별하는 길머리엔』

1987년 『꽃피는 날』

1988년 『말의 향기』

1989년 『아름다움을 위하여』

1991년 『암청의 문신』

1998년 『무지개를 사랑한 걸 후회하지 말자』

2008년 『얼음과 불꽃』

[동시집]

1996년 『어머니의 기도』

[시조집]

2003년 『소멸의 기쁨』

[산문집]

1978년 출간한 『한 송이 꽃도 당신 뜻으로』외 『허영자 선수필집』 등 20여권의 저서가 있음.

[수상]

1971년 제4회 한국시인협회상

1986년 제20회 월탄문학상

1992년 제2회 편운문학상

1998년 제3회 민족문학상

2003년 제9회 숙명문학상

2007년 PEN문학상

2008년 제1회 목월문학상

〖한국대표명시선100〗을 펴내며

한국 현대시 100년의 금자탑은 장엄하다. 오랜 역사와 더불어 꽃피워온 얼·말·글의 새벽을 열었고 외세의 침략으로 역경과 수난 속에서도 모국어의 활화산은 더욱 불길을 뿜어 세계문학 속에 한국시의 참모습을 드러내게 되었다.

이 나라는 글의 나라였고 이 겨레는 시의 겨레였다. 글로 사직을 지키고 시로 살림하며 노래로 산과 물을 감싸왔다. 오늘 높아져 가는 겨레의 위상과 자존의 바탕에도 모국어의 위대한 용암이 들끓고 있음이다.

이제 우리는 이 땅의 시인들이 척박한 시대를 피땀으로 경작해온 풍성한 시의 수확을 먼 미래의 자손들에게까지 누리고 살 양식으로 공급하는 곳간을 여는 일에 나서야 할 때임을 깨닫고 서두르는 것이다.

일찍이 만해는 「님의 침묵」으로 빼앗긴 나라를 되찾고 잃어가는 민족정신을 일으켜 세우는 밑거름으로 삼았으며 그 기름의 뜻은 높은 뫼로 솟아오르고 너른 바다로 뻗어나가고 있다.

만해가 시를 최초로 활자화한 것은 옥중시 「무궁화를 심고자」(≪개벽≫ 27호 1922. 9)였다. 만해사상실천선양회는 그 아흔 돌을 맞아 만해의 시정신을 기리는 일의 하나로 '한국대표명시선100'을 펴내게 된 것이다.

이로써 시인들은 더욱 붓을 가다듬어 후세에 길이 남을 명편들을 낳는 일에 나서게 될 것이고, 이 겨레는 이 크나큰 모국어의 축복을 길이 가슴에 새겨나갈 것이다.

만해사상실천선양회

한국대표명시선100 | 허영자

모순의 향기

1판1쇄 발행 2013년 5월 22일
1판2쇄 발행 2016년 3월 22일

지 은 이 허영자
뽑 은 이 만해사상실천선양회
펴 낸 이 이창섭
펴 낸 곳 시인생각
등 록 번 호 제2012-000007호(2012.7.6)
주   소 경기도 양평군 옥천면 고읍로 164
          ㉾476-832
전   화 (031)955-4961
팩   스 (031)955-4960
홈 페 이 지 http://www.dhmunhak.com
이 메 일 lkb4000@hanmail.net

값 6,000원

ⓒ 허영자, 2013

ISBN 978-89-98047-44-3 03810

* 저자와의 협의에 의하여 인지를 생략합니다.
* 이 책의 저작권은 저자와 시인생각에 있습니다.
* 잘못된 책은 책을 구입하신 서점에서 교환하여 드립니다.

※ 이 책은 만해사상실천선양회의 지원으로 간행되었습니다.